REVISION

DU

TARIF DES AVOUÉS

PRINCIPES A APPLIQUER

POUR LA CONFECTION DU NOUVEAU TARIF

PAR

O. RAVIART

VICE-PRÉSIDENT DE LA CONFÉRENCE DES AVOUÉS DE 1re INSTANCE
DES DÉPARTEMENTS

PARIS

IMPRIMERIE ET LIBRAIRIE GÉNÉRALE DE JURISPRUDENCE
MARCHAL ET BILLARD
IMPRIMEURS-ÉDITEURS, LIBRAIRES DE LA COUR DE CASSATION
Place Dauphine, 27
—
1901

REVISION

DU

TARIF DES AVOUÉS

PRINCIPES A APPLIQUER

POUR LA CONFECTION DU NOUVEAU TARIF

PAR

O. RAVIART

VICE-PRÉSIDENT DE LA CONFÉRENCE DES AVOUÉS DE 1re INSTANCE
DES DÉPARTEMENTS

PARIS

IMPRIMERIE ET LIBRAIRIE GÉNÉRALE DE JURISPRUDENCE

MARCHAL et BILLARD

IMPRIMEURS-ÉDITEURS, LIBRAIRES DE LA COUR DE CASSATION

Place Dauphine, 27

—

1901

REVISION

DU

TARIF DES AVOUÉS

PRINCIPES A APPLIQUER

POUR LA CONFECTION DU NOUVEAU TARIF

———

I

Le tarif doit fixer une rémunération pour toutes les procédures, sans faire d'exception pour les petites ventes ou toute autre procédure.

Toute peine mérite salaire. Il faut que chacun vive de son état : *Sua cuique ars pro viatico est* (Loyseau, *Des offices*, liv. I, chap. 8, n° 1).

Les charges qu'un officier ministériel a à supporter sont très lourdes : intérêts du prix de son office, appointements des clercs, impôts, loyers et dépenses de maison en rapport avec sa situation sociale. S'il ne possède pas de fortune et ne trouve pas, en se mariant, une dot assez importante, il lui est difficile de faire face à ses charges et il ne peut faire aucune économie. Les émoluments que lui alloue le tarif, loin de constituer des bénéfices nets, ne représentent que le salaire strictement nécessaire à son existence.

Cependant le législateur de 1884 a fait une réduction sur les émoluments des agents de la loi dans les ventes judiciaires jusqu'à 1.000 fr., mais il a limité cette réduction à un quart, considérant sans doute que les trois quarts de surplus étaient la représentation de frais généraux qui sont de véritables déboursés.

A propos de la revision du tarif on semble vouloir ne plus se contenter d'une réduction, quelle qu'elle soit, sur les émoluments dans les ventes jusqu'à 500 fr. ; on entend les supprimer complètement. Le motif qu'on invoque est que, d'après la statistique, les prix des ventes de 500 fr. et au-dessous sont absorbés par les frais, et que les malheureux vendeurs, après l'absorption de la valeur de leurs biens, restent encore débiteurs d'une partie des frais envers les officiers ministériels.

Il n'en est heureusement pas ainsi, et nous allons le démontrer en prenant les chiffres mêmes de la statistique.

D'après celle de l'année 1897 qui est la dernière que nous connaissions, il y a eu, cette année-là, 2.173 ventes de 500 fr. et audessous, et les adjudicataires dans ces ventes ont payé, savoir :

1° Pour leurs prix . . . .   587.805 fr.

2° Et pour frais de poursuite de ventes stipulés
    payables en sus . . . .   346.531 fr.

       Total . . . .   934.336 fr.

Sur quoi il y a à déduire :

1° Les frais en sus dont il est parlé
    ci-dessus. . . . .   346.531 fr. ⎫
                                 ⎬ 613.447 fr.
2° Et les frais en déduction. . . .   266.916 fr. ⎭

En sorte qu'il est resté net aux vendeurs . . .   320.889 fr.

La proportion entre les sommes ainsi payées par les adjudicataires et les frais sus-indiqués est de 65 pour cent et c'est à tort
que la statistique indique 104 pour cent.

Son erreur provient de ce que, pour établir la proportion, elle
n'ajoute pas aux prix les frais de poursuite de vente payés en
sus, bien que l'administration de l'Enregistrement perçoive sur
ces frais les droits de mutation. Il est de toute évidence que dans
les ventes ci-dessus, 320.889 fr. étant restés aux vendeurs, les frais
n'ont pas absorbé les prix et que le chiffre de 104 pour cent indiqué est erroné.

La même erreur se reproduit pour toutes les ventes faites
en 1897.

Les adjudicataires de 2.152 ventes de 501 à 1.000 fr. ont payé
pour leurs prix et les frais en sus 1.896.936 fr. : ci.   1.896.936 fr.

Les frais en sus et ceux en déduction étant de.   684.430 »

Il est resté net aux vendeurs. . . . .   1.212.506 fr.

La proportion entre les sommes payées et les frais n'est que de
36 pour cent au lieu de 42 pour cent indiqué par la statistique.

De même, dans les ventes de 1.001 à 2.000 fr. les adjudicataires
ont payé, y compris les frais en sus . . . .   5.750.964 fr.

Déduisant les frais en sus et en diminution . .   1.342.150 »

Les vendeurs ont touché net. . . . .   3.408.814 fr.

Ici la proportion est de 23 pour cent et non pas de 25 pour cent
comme l'indique la statistique.

La proportion diminue encore très sensiblement dans les autres
ventes ; elle n'est que de 14 pour cent dans les ventes de 2.001 à

5.000 fr., de 9 pour cent dans celles de 5.001 à 10.000, et de 2 pour cent dans celles de 10.000 fr., les chiffres de 9 et de 2 pour cen sont aussi indiqués par la statistique.

Voici du reste le tableau récapitulatif des prix et des frais des ventes de l'année 1897 :

IMPORTANCE des ventes.	NOMBRE des ventes.	MONTANT des prix en y comprenant les frais en sus	TOTAL des frais en déduction et en sus.	TAUX moyen des frais.
500 fr. et moins..	2.173	934.336	613.447	0.65 p. 0/0
501 à 1.000 fr...	2.152	1.896.936	684.430	0.36 p. »
1.001 à 2.000 fr...	3.526	5.750.964	1.342.750	0.23 p. »
2.001 à 5.000 fr...	5.867	20.605.915	3.013.474	0.14 p. »
5.001 à 10.000 fr...	4.167	28.973.889	2.709.753	0.09 p. »
Plus de 10.000 fr...	6.105	317.015.732	6.919.325	0.02 p. »
	23.988	375.237.772	15.282.579	

Nous devons faire remarquer que dans les frais que nous avons portés ci-dessus d'après les indications de la statistique doit entrer, à notre avis, autre chose que des frais de poursuite de vente proprement dits. Ainsi, nous pensons que dans les relevés de beaucoup de tribunaux et surtout dans les ventes renvoyées devant notaires, on a porté la totalité des frais d'instance en partage et licitation, au lieu de ne porter que les frais relatifs à la licitation, et cela est d'autant moins justifié qu'à côté d'un immeuble de peu d'importance la succession peut comprendre des valeurs mobilières considérables.

Quoi qu'il en soit, la Conférence des avoués de première instance des départements, pour entrer dans la pensée de M. le Ministre de la justice qui est de dégager, autant que possible, les petites affaires, propose de réduire les émoluments : à 30 fr. dans les ventes jusqu'à 500 fr., à 45 fr. dans les ventes de 501 à 1.000 fr., à 60 fr. dans les ventes de 1.001 à 1.500 fr. et à 75 fr. dans les ventes de 1.501 à 2.000 fr.

Ce sont là, il faut le constater, de très grandes concessions, car les émoluments des avoués dans les ventes susdites sont, d'après le tarif actuellement en vigueur, deux, trois, et même quatre fois plus élevés que les chiffres proposés par la Conférence, et le nombre des petites ventes est relativement considérable puisqu'en 1897, il y a eu 7.851 ventes ne dépassant pas 2.000 fr. sur 23.988 ventes.

Aller plus loin et supprimer tout émolument dans les ventes de 500 fr. et au-dessous serait une souveraine injustice.

Les avoués qui ont la charge très lourde de l'assistance judiciaire, augmentée récemment par la loi sur les accidents du travail, ne peuvent, équitablement, être obligés d'exercer gratuitement leur ministère en dehors des affaires d'assistance. Ils peuvent d'autant moins l'être que, comme il a été démontré ci-dessus, toute procédure entraîne pour eux de véritables déboursés. Disons aussi qu'elle entraîne une responsabilité et, pour terminer sur ce point, ajoutons qu'une charge qui viendrait s'ajouter à celle de l'assistance judiciaire ne pourrait être imposée aux avoués que par une loi et non par un simple décret.

II

Le tarif ne doit comprendre que les émoluments nets : les déboursés sont dus en plus sans que les avoués aient à supporter des déboursés tels que plaidoiries d'avocats, frais de publicité, coût des insertions légales et extraordinaires, placards et affiches de toute nature.

Les tarifs ne doivent fixer et n'ont, en effet, jamais fixé que les émoluments des officiers ministériels ou publics. L'art.151, § 5, du décret du 16 février 1807 porte : « le tarif ne comprend que les émoluments nets des avoués et autres officiers, les débo ursés seront payés en outre ». L'art.19, § 1er, de l'ordonnance du 10 octobre 1841 contient une disposition analogue à celle qui vient d'être rapportée.

Ce n'est, au reste, que l'application de l'art. 1999, C. civ., aux termes duquel « le mandant doit rembourser au mandataire les avances et frais que celui-ci a faits pour l'exécution du mandat ».

Le projet du tarif de M. Aubry, pour la toute première fois, met à la charge des officiers ministériels des déboursés qui peuvent être considérables, et ce projet établit le droit proportionnel de l'avoué d'une manière si parcimonieuse que souvent il serait insuffisant pour couvrir les déboursés mis à la charge de l'avoué ; en sorte que celui-ci aurait exercé son ministère sans rétribution en dehors des nombreuses affaires d'assistance judiciaire, et que, de plus, il ne rentrerait pas intégralement dans ses avances.

On ne peut, d'ailleurs, légalement mettre à la charge de l'avoué des déboursés qui incombent aux parties.

III

Le droit proportionnel alloué pour la rémunération des avoués dans les instances est calculé sur le montant de la demande.

C'est, en effet, le montant de la demande qui constitue véritablement l'objet du litige ; il détermine la compétence du tribunal et fixe aussi le degré de juridiction ; de plus, il est admis par l'art. 67 du décret du 16 février 1807 comme base de tarification en matière sommaire.

Le travail et la responsabilité de l'avoué étant en proportion de l'intérêt en jeu, il est juste que sa rémunération soit calculée sur l'importance de cet intérêt.

M. Aubry qui propose, dans son projet de tarif, d'établir le droit proportionnel de l'avoué sur le montant de la condamnation, soutient que toute autre base serait incertaine, qu'elle serait la source d'abus, et que le service que l'avoué a rendu à son client porte uniquement sur le montant de la condamnation.

Ces divers arguments sont sans valeur :

1° Le montant de la demande est déterminé par la demande même ou par les conclusions des parties, et il ne peut plus être modifié lorsque les débats sont clos. Au contraire, le montant de la condamnation est sujet à varier, car il peut être modifié par les diverses voies de recours auxquelles sont soumises les décisions de justice. S'il était pris comme base de rémunération, les émoluments de l'avoué seraient indéterminés tant que le jugement n'aurait pas acquis l'autorité de la chose jugée.

2° Les art. 130 et 131, C. proc., relatifs à la condamnation aux dépens, donnent aux tribunaux des pouvoirs suffisants pour mettre une portion des dépens à la charge de la partie qui aurait formé une demande exagérée. Au surplus, la crainte d'abus ne saurait justifier une injustice.

3° L'avoué est tenu d'exercer son ministère lorsqu'il en est requis et sa rémunération ne saurait dépendre du résultat obtenu. L'avoué qui perd son procès a droit aux mêmes émoluments que celui qui le gagne, et ces émoluments, comme il été dit précédemment, doivent être calculés d'après le travail et la responsabilité de l'avoué, en d'autres termes, sur l'importance du litige.

Il faut remarquer qu'en appliquant le projet de M. Aubry, les avoués auraient intérêt à ce que les demandes fussent admises en

totalité, car leurs émoluments diminueraient proportionnellement
à la réduction que les demandes subiraient. L'avoué du défendeur
qui aurait fait les plus grands efforts pour la cause de son client,
verrait réduire ses émoluments, ainsi d'ailleurs que ceux de son
confrère, s'il obtenait le rejet de la demande en entier ou en partie. On le placerait ainsi entre son intérêt et celui de son client.

IV

Dans les ventes judiciaires d'immeubles, le droit proportionnel doit être calculé
sur le prix de chaque lot adjugé séparément lorsque les lots sont composés
d'immeubles distincts.

L'ordonnance du 23 octobre 1841 (art. 11, § 15) a admis ce
principe, et le Garde des sceaux (M. Martin, du Nord), en a
indiqué la raison dans sa circulaire du 20 août 1842 relative à
l'exécution de l'ordonnance précitée. Voici ce qu'on lit dans cette
circulaire : « Pour calculer convenablement la remise proportion-
nelle, il faut suivre une règle déjà consacrée par la pratique.
Lorsque plusieurs lots sont formés par le morcellement d'un immeuble, le dépouillement des titres n'exige ni plus de temps ni
plus de soin que si l'immeuble était vendu en bloc ; par conséquent,
dans ce cas, la remise doit se calculer sur la somme provenant de
la réunion du prix de tous les lots. Le lotissement qui n'a pas
accru le travail ne doit pas faire accroître le salaire. Lorsqu'au
contraire, ce sont des immeubles distincts qui sont vendus ensem-
ble, les titres de chaque lot ont exigé un examen particulier. La
division des objets vendus est alors l'occasion de travaux plus
longs et plus difficiles ; elle doit produire une augmentation d'al-
location. »

Les décrets du 25 août 1898 contenant les tarifs des notaires
ont consacré le principe sus-rappelé, et ils disposent que « l'hono-
raire sera perçu sur le prix de chaque lot séparément lorsque les
lots seront composés d'immeubles distincts ».

M. Aubry, dans son projet de tarif, propose, au contraire, que le
droit proportionnel de l'avoué soit basé toujours et exclusivement
sur le montant en bloc des prix d'adjudication. C'est là une inno-
vation que rien ne justifie et qui créerait une contradiction entre
le tarif des avoués et les tarifs des notaires ; il n'y a évidemment
pas lieu de l'adopter.

V

Le droit de copies de pièces ne doit pas être compris dans l'émolument
proportionnel ; il doit être compté en dehors.

Il n'est pas possible de comprendre ce qui est dû à raison de la
copie des pièces signifiées dans l'émolument alloué d'une manière
fixe par le tarif, et il y a pour cela divers motifs qui ont été très
bien déduits par M. Monteux dans son projet de tarif. Nous ne
pouvons mieux faire que de reproduire sur ce point quelques pas-
sages de ce projet.

« La copie de pièces, dit M. Monteux, n'est pas évaluable *à priori* ;
elle peut être courte ou longue ; elle est longue souvent en matière
de revendication, en cas de demande en garantie où l'on dénonce
toute la procédure à l'appelé en garantie, et l'assignation en garantie au demandeur originaire, en cas de demande en entérine-
ment ou constatation de rapport d'experts, qui doit être signifié
et est souvent fort long ; elle peut, dans les instances, avoir besoin
d'être signifié à un certain nombre, à un grand nombre de défendeurs qui, tous, peuvent prendre le même avoué, si bien que l'é-
molument du demandeur ne sera pas augmenté et que, néanmoins,
il aura signifié des pièces longues pour l'assignation, un jugement
très long, à un grand nombre de défendeurs, sans rien toucher.
Un tel procès serait un véritable désastre pour l'avoué dont le
ministère est obligatoire.

« Il ne faut pas oublier qu'en pratique, c'est presque toujours l'a-
voué qui rédige l'assignation (toujours la requête à fin d'assigner)
et qu'il ne demande rien pour ce travail qui est presque le plus
important, puisque c'est lui qui lie le débat.

« Même quand il n'y a qu'un seul demandeur et un seul défendeur, la copie de pièces peut être très longue, bien que l'intérêt
du procès soit minime ; le jugement peut être longuement motivé
et il serait injuste que l'avoué reçut toujours les mêmes émoluments, que le travail fait, la copie de pièces signifiée fut courte ou
longue.

« En outre, il faut tenir compte de certains incidents de procédure qui peuvent donner lieu à des copies de pièces et fort longues et, par suite, fort onéreuses : telles sont les enquêtes ordonnées
dans les demandes basées sur des accidents, dans les demandes
de contrefaçon, validité ou nullité de testaments, etc..., en un mot

lorsqu'il s'agit de prouver de purs faits. En ce cas, il faut donner en tête des citations à témoins, en dehors de la copie de la requête de fixation de jour, copie des faits dont la preuve a été ordonnée, faits souvent forts long ou nombreux et, pour peu qu'il y ait, sur chaque fait, quelques témoins à citer, il y aura lieu, à une copie de pièces très longue et répétée qui coûtera fort cher à l'avoué. Il est à noter que ces enquêtes, interviennent dans des cas où l'intérêt engagé est souvent minime, dans des affaires sommaires, et, même à l'heure actuelle, l'avoué a droit, en ce cas, à l'émolument de la copie de pièces. Les enquêtes ont lieu également dans les demandes de réclamation d'état ou de contestation d'état, de désaveu de paternité, interdiction, etc..., et, souvent, en ces matières les faits articulés sont nombreux et nombreux aussi les témoins cités : d'où enquête onéreuse.

« Quest-ce encore, quand il s'agit de séparations de corps, de divorces où les faits articulés sont souvent en grand nombre, où une masse de témoins sont cités ? Qu'est-ce encore, quand il y a une demande reconventionnelle et, par suite, lieu à deux enquêtes et deux contre-enquêtes ?

« Supprimer la rémunération du travail dû pour la copie de pièces et la remplacer par un émolument fixe serait faire subir une perte trop lourde aux avoués.

« En dehors des instances, il est d'autres cas où la rémunération de la copie de pièces doit exister : en matière de contributions, l'avoué doit donner copie de l'ordonnance à fin de permis de sommer à tous les créanciers opposants, et, bien que cette ordonnance ne dépasse pas ordinairement trois ou quatre rôles, il y a lieu souvent de la signifier à une grande quantité de créanciers opposants souvent d'autant plus nombreux que la somme à distribuer est plus minime. L'avoué touchera un émolument fixe pour un travail matériel considérable. Mais où l'iniquité atteindrait son maximum, c'est en matière de notification aux créanciers inscrits ; l'avoué de l'acquéreur doit leur signifier l'extrait du titre, et l'extrait de l'état d'inscriptions : en ce cas, double perte, plus il y a de créanciers, plus la copie est longue et, également, plus il y a de copies à signifier. L'avoué, dans ce cas encore, ne toucherait qu'un droit fixe ? C'est impossible.

« Enfin, on peut dire que la copie des pièces des jugements représente pour l'avoué, dans une certaine mesure, un débours.

« Il l'a fait faire au dehors et paye le travail d'un écrivain. Il ne serait pas juste de mettre cette dépense à la charge de l'avoué.

« Donc on paiera la copie des pièces. »

Telle est l'opinion de M. Monteux à laquelle nous nous associons complètement.

<h2 style="text-align:center">VI</h2>

Les avoués ont droit, indépendamment de leurs émoluments tarifés, à des honoraires pour faux frais, travaux et soins ci. dehors de ceux dont ils sont tenus par leurs fonctions.

Il a été maintes fois décidé, notamment par la Cour de cassation et même par un arrêt tout récent, que les avoués ont droit, indépendamment de leurs émoluments tarifés, à des honoraires pour faux frais, travaux et soins donnés aux intérêts de leurs clients, en dehors de ceux dont ils sont tenus par leurs fonctions. Cass., 5 juin 1869 (*Pal.*, 69.167). — 1er et 22 juin 1870 (*Pal.*, 70.305 et 947). — 24 avril 1901 (*Bull. Taxe*,1901.85 : *Gaz. Pal.*,6 mai 1901).

Il est aussi de doctrine et de jurisprudence que l'avoué qui, dans le cas où la loi l'y autorise, a plaidé une cause sans assistance d'avocat, a le droit d'exiger des honoraires de son client. Bruxelles, 2 juillet 1829 (S. chr.).— Trib.civ.Marseille,6 août 1868 (*Journ. des avoués*, t. 90, n° 28). — Trib.civ.Villefranche, 24 avril 1885 (*Droit*, 23 mai 1885). — Bonnesœur, *Manuel de la taxe des frais en matière civile*, p.160. — Dalloz, V° *Avoué*, n° 13. — Labori et Schaffhauser, *Répert. encycl. du Droit français*, V° *Avoué*, n° 129. — Dutruc, *Supp. aux lois de la procédure*, t. 2, p. 216).

Les décrets du 25 août 1898, contenant les tarifs des notaires, portent sous l'art. 3 que « les dispositions de ces tarifs ne sont point exclusives des émoluments qui peuvent être réclamés par les notaires, soit pour des travaux autres que la rédaction des actes, soit pour des missions dont ils sont chargés à titre exceptionnel, et qui n'auraient rien d'incompatibles avec la nature et la dignité de leur ministère ».

Pour éviter toute difficulté à l'avenir, il convient d'insérer dans le nouveau tarif un article qui sanctionnera l'état actuel de la jurisprudence.Cet article peut être rédigé dans les termes suivants, qui sont la reproduction presque intégrale de l'art. 3 du tarif des notaires :

« Les dispositions du tarif ne sont point exclusives des honoraires qui peuvent être réclamés par les avoués à leurs clients, soit pour travaux et soins en dehors des actes de procédure auxquels ils sont tenus par leurs fonctions dans les instances, soit pour missions dont ils seraient chargés à titre exceptionnel et qui n'auraient rien d'incompatible avec la nature et la dignité de leur ministère. Ces honoraires sont réglés à l'amiable sous le contrôle de la chambre de discipline. »

VII

La revision du tarif de 1807 ne saurait être un prétexte pour retirer aux avoués une partie de leurs attributions, telles que l'accomplissement des formalités et actes de publicité dans les ventes judiciaires renvoyées devant notaire.

L'art. 44 du projet de tarif de M. Aubry est ainsi conçu :

« Le droit proportionnel alloué au notaire devant lequel est renvoyé la vente est le même que celui déterminé par l'art. 34. *Il comprend l'accomplissement et le coût des formalités et actes de publicité de toute nature,*énumérés dans l'art. 30. »

Il résulte de là que les notaires seraient, à l'avenir, chargés des formalités et actes de publicité de toute nature dans les ventes renvoyées devant eux et qu'ils en toucheraient les émoluments.

Tout d'abord, il faut remarquer que dans son arrêté du 4 décemdre 1900, M. le Garde des sceaux n'a eu pour but que de reviser les tarifs surannés ; aussi, il cite les tarifs établis par les décrets de 1807 et les lois ou les décrets postérieurs qui ne correspondent plus aux exigences de la vie moderne.

Les tarifs des notaires, décrétés le 25 août 1898, ne sont évidemment pas dans ce cas, et dès lors la commission nommée pour l'exécution de l'arrêté ministériel du 4 décembre 1900 n'a pas à s'occuper des émoluments de ces officiers publics.

D'un autre côté, les formalités et actes de publicité de toutes les ventes judiciaires d'immeubles rentrent dans les attributions exclusives des avoués ; la circulaire ministérielle du 20 août 1842 précédemment citée et le tarif des frais des ventes judiciaires d'immeubles, le constatent formellement et la Cour de cassation l'a d'ailleurs décidé par arrêt du 18 novembre 1844 (*Pal.*, 44.2.565), dont voici quelques-uns des motifs :

« Attendu, en droit, que la vente des biens immeubles appartenant à des mineurs ne peut être faite qu'en justice en vertu de jugements, et avec les formalités déterminées par la loi, devant le

tribunal qui l'a ordonnée, ou devant le notaire qu'il a commis
pour la recevoir;

« Attendu, dès lors, que, quoique faite devant le notaire qui a été
délégué, cette vente n'en doit pas moins être considérée comme
étant la suite et le complément de la poursuite intentée pour y
parvenir ;

« Attendu que, lorsqu'il est procédé à la vente devant le tribunal
qui l'a ordonnée, toutes les formalités dont la loi exige l'accomplissement sont nécessairement du ministère des avoués, qui, seuls
peuvent y représenter les parties intéressées. »

Puis la Cour établit par des arguments de textes qu'il en est de
même alors que la vente est faite pardevant notaire.

Un changement dans les attributions des officiers ministériels
est de nature à compromettre des intérêts importants ; il ne peut
avoir lieu que pour des motifs graves et il doit résulter d'une loi
formelle. On ne peut l'introduire dans un tarif, surtout si ce tarif
est l'objet d'un simple décret.

VIII

On ne doit pas, à l'occasion de la réforme du tarif, prendre des mesures de
suspicion spécialement contre les avoués, par exemple prescrire la liquidation dans le jugement des frais de l'avoué de la partie condamnée, rendre la
taxe obligatoire pour toute espèce de frais des avoués et sans demande des
parties, obliger les avoués à déposer au greffe copie de leurs états taxés
avec les pièces justificatives, et faire donner avis du dépôt par le greffier à
la partie débitrice.

Toutes les mesures qui viennent d'être indiquées sont proposées
dans le projet de M. Aubry, et il importe de les examiner chacune
séparément.

1° *Liquidation dans le jugement des frais de l'avoué de la partie condamnée.*

L'art. 543, C. proc. civ. ne prescrit la liquidation dans les jugements que des dépens adjugés, c'est-à-dire des dépens auxquels
une partie est condamnée envers une autre. Cette disposition de loi
a pour but de fournir un titre exécutoire à la partie gagnante
pour contraindre son adversaire au paiement des frais ; mais il
n'y a aucun motif pour faire liquider dans le jugement les propres frais de la partie condamnée.

Souvent, il est urgent de lever la grosse d'un jugement soit pour

prendre inscription, soit pour poursuivre le débiteur. La délivrance
de la grosse ne peut pas être retardée à raison de ce que l'avoué de
la partie perdante n'aura pas mis toute la célérité voulue pour dres-
ser et déposer son état de frais.

2° Taxe obligatoire pour toute espèce de frais des avoués et sans
demande des parties.

La loi du 24 décembre 1897 n'oblige les notaires, avoués et huissiers à faire taxer leurs frais que lorsqu'ils ont à en *poursuivre le
recouvrement*.

M. Aubry, voulant réformer cette loi par un simple décret, propose que « les frais relatifs aux actes du ministère des officiers
ministériels faits en dehors d'une instance, ceux exposés dans
une instance qui a été arrêtée avant le jugement, ceux postérieurs aux jugements, arrêts et ordonnances *ne pourront être
recouvrés* PAR LES AVOUÉS *avant qu'ils aient été préalablement soumis
à la taxe* ».

M. Aubry n'indique pas de motif à l'appui de sa proposition,
et, en réalité, il n'y en a aucun. Il faut, en dehors des cas où la
loi exige la taxe, laisser aux parties la faculté de payer les frais
avec ou sans taxe.

Si la mesure proposée devait être adoptée, il faudrait la géné-
raliser et l'appliquer non seulement aux avoués, mais aussi aux
notaires, huissiers, greffiers, conservateurs des hypothèques, com-
missaires-priseurs, et même aux experts, aux gardiens, aux
témoins, en un mot à toutes les personnes dont les frais sont tarifés ; autrement, cette mesure, limitée aux avoués, aurait un carac-
tère blessant pour ces officiers ministériels.

3° Dépôt au greffe d'une copie des états
taxés avec pièces justificatives.

Tous les actes de procédure sont faits en original et en copie, et
chaque partie a en mains, soit l'original, soit la copie des actes ; on
ne comprend donc pas l'utilité du dépôt au greffe des pièces justificatives des états taxés pas plus que des états eux-mêmes.

Par suite de ce dépôt les avoués ne pourraient plus rédiger les
qualités du jugement et les parties seraient dans l'impossibilité
de consulter sur un appel ou une voie quelconque de recours.

4° Avis adressé par le greffier à la partie débitrice
des états taxés et des pièces justificatives.

M. Aubry veut que le greffier informe la partie condamnée du dépôt fait au greffe des états des dépens liquidés, avec avis qu'elle peut en prendre communication au greffe et s'en faire délivrer copie.

Il faut remarquer que la partie n'aura au greffe que des renseignements incomplets, car les dépens liquidés doivent être augmentés des droits souvent élevés d'enregistrement, des qualités, de la minute et de l'expédition du jugement, de sa signification et des suites.

Et pour avoir des renseignements incomplets, la partie, outre les frais de son déplacement, aura à supporter :

Le timbre des états de frais (2 par affaire) . . . . . . 1 fr. 20
Le dépôt au greffe des états de frais (2 par
affaire) . . . . 0 fr. 50
Lettre recommandée du greffier. . . . . 0 fr. 40
Copie des états (2) . . . . 1 fr. 50

Total. . . . . 3 fr. 60

Dans la pratique, l'avoué de la partie qui a gagné son procès remet à l'avoué adverse copie de son état de frais ou la copie de la taxe si elle a été demandée.

L'avoué de la partie condamnée envoie à son client cette copie, ainsi que la copie de son état ou de la taxe de ses propres frais, et le règlement se fait presque toujours sans difficulté.

On peut consulter la statistique et on verra que les oppositions à taxe sont très rares.

D'après l'art. 9 des décrets du 25 août 1898 concernant les notaires, les parties, avant tout règlement, peuvent réclamer le compte détaillé des sommes dont elles sont redevables.

Il n'y a rien à changer sur ce point à l'état de choses actuel, pas plus en ce qui concerne les avoués qu'en ce qui concerne les notaires.

Imp. J. Thovenot, Saint-Dizier (Hte-Marne)

Imp. **J**. Thevenot, Saint-Dizier (Haute-Marne).